WHY WE MARCH

세계여성공동행진의 목소리

아티산 편집부
권채령 옮김

우리는 멈추지 않는다

모두를 위한 희망과 저항의 언어들

윌북

그날 행진했던 이들,
그리고
계속해서
행진할 이들에게
바칩니다.

서문

2017년 1월 21일, 수백만 여성과 남성들이 세계 각지에서 여성행진에 동참했습니다. 행진은 미국 50개 주 전역에서, 7개 대륙 각 곳에서 빠짐없이 열렸습니다. 워싱턴 DC의 내셔널 몰부터 나이로비의 카루라 숲에 이르기까지, 남극 파라다이스 베이의 펭귄들도 함께한 이번 행진은 정치사상 가장 큰 집회 가운데 하나가 되었습니다. 이날 집회 참석자들의 피켓에 적힌 구호들은 사진에 담겨 순식간에 전 세계로 퍼져 나갔습니다.

우리는 그 목소리들을 이 책 한 권에 모았습니다. 피켓 구호를 통해 집회 참가자들은 "우리는 왜 행진하는가?"라는 질문에 각자의 방식으로 감동적인 답변을 내놓았습니다. 어머니들은 딸들에게 물려주고 싶은 것에 대해 이야기하려고 집회에 참가했습니다. "아직도 이따위 일로 항의해야 한다니 믿을 수가 없다"고 외친 할머니들도 계셨죠. 국경 안에서 살아갈 권리를 외치고자 거리로 나선 이민자들, 안전과 평등을 요구하는 소수 인종 남녀들도 함께했습니다. "엄마와 여자인 내 친구들을 위해 행진한다"고 당당하게 선언한 어린 소년과, 친구의 손을 잡고 "걸파워"를 외치며 행진한 소녀도 있었죠. 생식권과 의료 서비스에 대한 접근권, 날로 치솟는 기후 변화의 위험성을 이야기하는 목소리도 크게 울려 퍼졌습니다.

피켓 구호부터 분홍색 털모자, 열정이 담긴 눈동자와 얼굴 가득한 미소까지, 그날의 사진 속에 등장하는 다양한 사람들의 생기 넘치는 모습은 여성행진의 초상 그 자체입니다. 이들이 던진 저항과 사랑, 희망의 메시지는 우리 모두를 앞으로 나아가게 하는 원동력이 될 것입니다.

기억하십시오. 미국 헌법은 '나 대통령은'이 아닌 '우리 합중국 국민들은'으로 시작됩니다.

— 글로리아 스타이넘

토론토 토론토 여성행진: 내가 왜 행진하는지 물어봐

앞 워싱턴 DC

런던 권리, 평등, 지구, 미래를 위해 행진합니다

바르셀로나 #나는왜행진하는가

시애틀 주저앉아 우는 대신 행진!

멜버른 나는 나의 미래를 위해 행진한다

산타바바라 너희가 우리를 분열시키려 해도 우리는 일어나 뭉칠 것이다

워싱턴 DC 변화를 일으키자 · 여성 남성 흑인 백인 동성애자 이성애자 장애인 비장애인 청년 노인 원주민 이주민 우리는 모두 함께다♥

보스턴 자, 여성분들, 대오를 갖춥시다 · 다른 여성을 지지하는 여성을 지지합니다

옆_워싱턴 DC 누가 세상을 이끄는가

워싱턴 DC 브라를 불태우는 페미니스트가 되기엔 너무 늦게
태어난 줄 알았더니!

워싱턴 DC 나는 1984년에 살고 싶지 않습니다

12

멜버른 순순히 1950년대로 돌아가지 않을 것이다

워싱턴 DC 1968년이 전화를 걸어오네요, 받지 마세요!

워싱턴 DC 미국을 위대하게 만드는 이들: 이민자, 퀴어, 유색 인종, 무슬림, 그리고 여성!
옆_메인 주 포틀랜드 미국을 위대하게 만드는 것은 증오가 아니라 사랑이다

이 느낌을 기억하세요. 지금 이 순간 자신이 역사의 일부라는 사실을 알아주십시오. 여러분은 세계적인 혁명의 일부입니다.

— 뎁 페어런트, 여성행진 조직위원

워싱턴 DC 사랑

런던 고약한 여성이 큰일을 해낸다

오타와 고약한 여성들이여, 단결하라

LA 안녕, 나는 오늘 최고로 고약하단다

LA 저는 고약한 여성들을 사랑합니다

오리건 주 포틀랜드 고약해요~

투손 계집의 반격 · 고약한 여성의 긍지

토론토 고약해집시다!

런던 고약한 여자는 나쁜 놈을 사랑한다

샌프란시스코
옆_네바다 주 리노

산타바바라 우린 탄핵 파티에서 춤을 출 거야

시애틀 탄핵하라

LA 트럼프, 끌어내리고 교체하자!

워싱턴 DC 트럼프는 다음 중 누구의 권리를 보호할까요?
여성(×) 교사(×) LGBT(×) 이민자(×) 태아(○)

워싱턴 DC 진짜 대통령은 세금을 낸다네

뉴욕 나의 미국은 트럼프의 미국이 아닙니다

23

보스턴 계집 파워

시애틀 계집에게 권력을!

애틀랜타 그녀가 행진하면 혁명이 찾아온다 - 비키니 킬

텍사스 주 오스틴 스스로를 존중하는 여성이라면 자신의 성을 무시하는 정당의 성공을 위해 일하지 말지어다

우리는 눈물을 흘릴 수도 있습니다.
우리는 불평을 늘어놓을 수도 있습니다.
또는 우리는 맞서 싸울 수도 있습니다.
우리는 이곳에서 서로 어깨를 맞대고 서서
다음과 같은 점을 분명히 하고자 합니다.
우리가 여기에 있다고,
침묵하거나 가만히 있지 않을 것이라고,
신념을 위해 투쟁할 것이라고 말입니다!
— 상원의원 엘리자베스 워렌

런던 우리는 할 수 있다!

워싱턴 DC 날 때부터 게이, 여기 온 건 선택

워싱턴 DC 여성들과 함께하는 게이 모임

워싱턴 DC 트랜스, LGBTQ, 여성에게 동등한 권리를!

토론토 우리가 모두 평등해지기 전까지 위대한 미국은 없다

워싱턴 DC 광기와 사명을 혼동해서는 안 된다 - 플래너리 오코너

워싱턴 DC 불의가 법이 될 때, 저항은 의무가 된다

뉴욕 저들은 우리를 파묻으려 했지만, 우리가 씨앗인 줄은 몰랐을걸

시드니 트럼프는 니켈백(미국인이 싫어하는 캐나다 록 밴드로, 상대의 음악 취향을 비하하거나 조롱할 때 종종 쓰인다 – 옮긴이)을 좋아해

워싱턴 DC 트럼프는 피자를 포크로 먹는다

멜버른

파리

토론토

베를린

로마

오타와

런던

코펜하겐

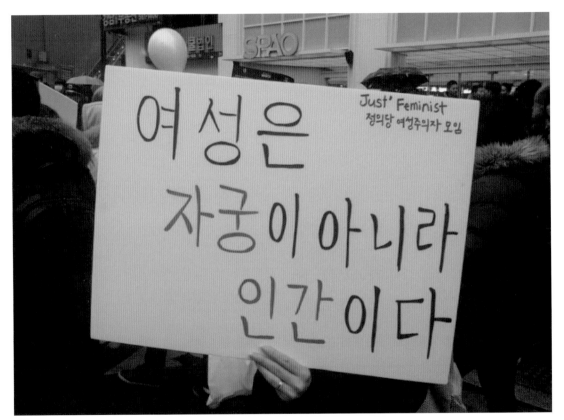

여성은 자궁이 아니라 인간이다

Just' Feminist
정의당 여성주의자 모임

서울

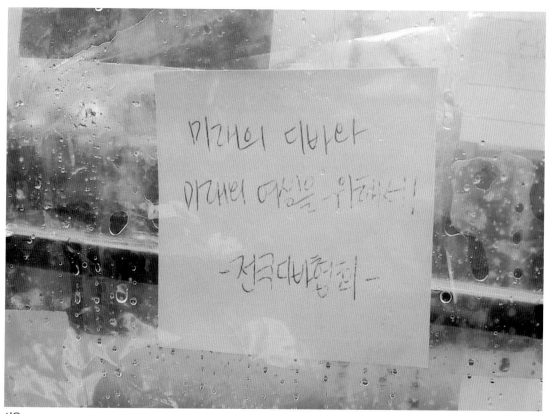

서울

우리는 혐오의 시대에 서로의 곁을 지켜내며 싸우고 있습니다. 존재를, 존엄을 지켜내기 위한 싸움입니다. 우리는 혼자가 아닙니다. 함께입니다. 우리는 이곳에서 세상을 바꿔나가고 있습니다. 서로의 용기가 되어 싸움을 이어가고 있습니다.

싸우는 페미가 이긴다.

결국, 페미니스트가 세상을 움직인다.

— 페미니즘 액션 그룹 '강남역10번출구' 활동가

서울

파리 우리는 지성과 온정으로 연대하고 저항하며, 침묵하지 않고, 서로를 보호할 것이다. 우리의 사랑은 증오보다 강하다

옆_로마 굴하지 않는 자들, 다시 이곳에 서다

뉴욕 싫어

워싱턴 DC 어이쿠

워싱턴 DC 웩

파리 진심임??????

시애틀 뭔 개소리야!

워싱턴 DC 고약한 여자

뉴욕 고약함은 영원하리

뉴욕 고약함을 잃지 마세요♥

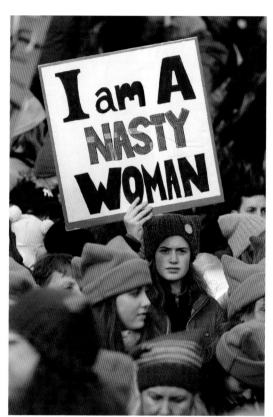

시애틀 내가 바로 고약한 여자다

47

우리가 한데 모인 것은 그 자체로
거대한 선언입니다. 우리 삶과 사랑,
우리 몸과 우리 아이들,
우리 정체성과 이상에 대한 권리를
외치는 선언입니다.

—자넷 모크

시애틀 일어나라
앞_LA 사랑은 사랑이다, 흑인의 목숨도 소중하다, 기후 변화는 현실이다, 이민자가 미국을 위대하게 만든다, 여권은 인권이다

시애틀 절대 물러서지 마세요!

런던 당신의 스프레이 태닝에는 패배뿐

뉴욕 세금으로 잡아내자

뉴욕 이민자들이 없었다면 트럼프의 부인들도 없었겠지

뉴욕 대안우파Alt-right를 삭제하라

워싱턴 DC 트럼프 씨, 이제 당신이 우리를 위해 일할 차례입니다 · 잃을 게 뭐가 있겠어? 생명, 자유, 행복추구권 정도?

시카고
옆_호놀룰루

워싱턴 DC 내 보지에는 이빨이 달렸지

오타와

워싱턴 DC 이 보지는 반격을 한다네

오타와 움켜쥘 수 없을걸!

유타 주 파크시티 고개는 들고, 이빨은 드러내자!

LA 착한 고양이는 없다

코소보 프리슈티나 미래는 여성이다

덴버

워싱턴 DC 진짜 미국인

샌프란시스코 미국은 이민자의 나라다

이 나라의 역사를
삭제할 수는 없습니다.

— 안젤라 데이비스

워싱턴 DC 누가 세상을 이끌어가나↓↓↓↓↓
앞_뉴올리언스 역사가 당신을 지켜보고 있다

시드니 엄마를 위해, 여자인 내 친구들을 위해 행진합니다 · 더 많이
웃으세요
옆_워싱턴 DC 작은 이민자도 소중하다!

보스턴 이것이 애국의 얼굴이다

LOVE ♥ PREVAILS

THOUGH SHE BE BUT LITTLE SHE IS FIERCE

뉴욕 사랑이 이긴다 · 얘가 몸집은 작아도 아주 사납답니다!

50 YEARS SUPPORTING EQUAL RIGHTS and PLANNED PARENTHOOD

워싱턴 DC 동등한 권리와 가족계획연맹의 50년 지지자

워싱턴 DC 트윗 올리기 전에 생각 좀 해

워싱턴 DC 트위터 최고사령관

워싱턴 DC 계삭해라

워싱턴 DC 트위터를 다시 위대하게! 트위터를 떠나라!

뉴욕 트위터 바보 트럼프 놈!

워싱턴 DC 트윗 하나로 지구 멸망

오하이오 주 클리브랜드   내가 바꿀 수 없는 것들을 더는 받아들이지 않겠다 · 내가 받아들일 수 없는 것들을 바꿔나가겠다

뉴욕 부끄러움은 너의 몫

워싱턴 DC 다양성에 축배를! 사랑은 사랑이다

옆_시카고

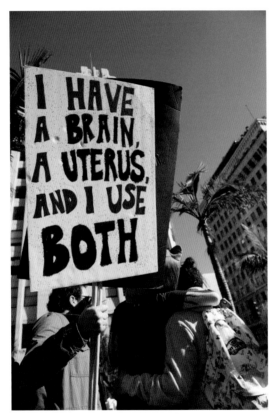

LA 난 뇌도 있고 자궁도 있고 둘 다 쓸 줄 안다네

워싱턴 DC 오늘은 행진하고, 내일은 출마하자 #2018 #2020
옆_보스턴 미래는 여성이다 #미래의유권자

시카고 미래 세대에 엉망인 세상을 물려주지 말자

LA 어머니 지구를 위하여

뉴욕 트럼프 시대: 불타오르는 대지, 산성으로 변해버린 바다,
위협받는 다양성의 시대 · 혁명을!

뉴욕 트럼프에 반대하는 과학자 모임

시애틀 과학은 진보의 음모가 아닙니다

인디애나폴리스 과학과 이성은 중요하다

워싱턴 DC 어머니 지구에서 그 작고 더러운 손을 떼지 못할까!

파리 윤리는 중요하다 · 과학의 목소리를 들어라 · 사람을 보호하라
하나뿐인 지구♥

덴버 진짜 남자라면 페미니스트!

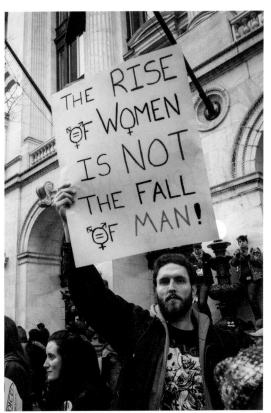

워싱턴 DC 여성의 부상은 남성의 몰락이 아닙니다!

뉴욕 진짜 남자는 여성의 권리를 보호한다

올랜도 #히포시

시애틀 자본주의 체제: 우리 지구를 지키기에는 부적격 · 아무리 큰 깃발도 죄 없는 이들을 죽인 부끄러움을 덮을 수 없다 · 침묵은 배신이다
옆_시애틀 걸파워

마이애미 필요한 것은 오직 사랑뿐 ☺

암스테르담 사랑은 더하고, 증오는 덜어내고

바르셀로나

런던 사랑이 우리의 힘이다

우리는 사랑과 믿음,
용기로 맞설 것입니다.
우리의 가족을
지켜낼 것입니다.

―소피 크루즈

워싱턴 DC 생각하세요… 생각하는 것조차 불법이 되기 전에!

옆_파리 이 상황에 경악하지 않는다고요? 제대로 들여다보지 않았군요!

뉴욕 의료보험과 정의를 모두에게

옆_LA 저는 26세 때 암 진단을 받았고, 건강보험개혁법이 제 목숨을 살렸습니다

시애틀 오바마케어가 없었다면 내 아이들도 없다

워싱턴 DC

뉴욕 슬프다!

워싱턴 DC 앙증맞은 그 손으로 우리의 권리 건드리지 말 것

워싱턴 DC 이러면 제 손이 커 보이나요?

뉴욕 작은 손이 큰 사고 친다

뉴욕 그 짧고 더러운 손가락으로 우리 권리에 손대지 마!

뉴욕 손도 작고, 마음도 작고, 뇌도 작아!

워싱턴 DC 너의 작은 손으로 내 권리와 성기를 건드리지 마라!

워싱턴 DC 그 작은 손으로 우리 의료보험에 손대지 말 것

뉴욕 너의 작은 두 손, 우리 속옷에는 접근 불가

뉴욕 흑인의 목숨도 소중하다

시애틀 무슬림도 소중하다

워싱턴 DC 도널드 트럼프 하나 보내고 난민 10,000명 받을게요

런던 인종주의는 대량살상무기 · 모든 생명은 소중하다!

뉴올리언스 무슬림이 아니라고요? 그래도 일단 선거인 등록하세요!

멕시코시티 멕시코와 멕시코 이민자들을 존중하라

우리는 어머니입니다. 우리는
돌보는 자이고, 예술가이며,
활동가입니다. 우리는 기업가이고,
의사이고, 산업과 기술 분야의
리더입니다. 우리의 잠재력은
무한합니다. 우리는 일어설 것입니다.

— 알리샤 키스

워싱턴 DC 이 여성분들과 함께합니다 ＼／＼／

워싱턴 DC 이 여성분들과 함께합니다 ＼／＼／

피닉스 이 여성분들과 함께합니다 ＼／＼／

워싱턴 DC 이 여성분들과 함께합니다 ＼／＼／

부다페스트 우리는 다 끝내준다

워싱턴 DC 계집들이 뭉쳐서 파시즘에 맞선다

워싱턴 DC 내 자궁이 기업이라면 규제를 멈출 텐가!

워싱턴 DC 걸파워

토론토 암캐도 모든 여성들과 함께 행진합니다

텔아비브-야파 고약한 암캐

런던 암캐가 짱 먹음!

LA 가족계획연맹

워싱턴 DC 개도 이 정도는 안다고 · 고양이는 반격한다

워싱턴 DC 여자 말고 그 막돼먹은 성기나 규제해라

암스테르담 가부장제에 맞서는 계집들

베를린

옆_뉴욕

보스턴 자궁 속의 코끼리(공화당의 상징-옮긴이)

토론토 여성혐오, 지긋지긋해

여성들이 조직을 이루면
변화가 나타납니다.
여성들이 그 변화를
만들어내는 것입니다.

— 헬렌 미렌

워싱턴 DC 자유, 정의, 교육, 존중, 의료보험, 평등을 모두에게

LA 모두에게 평등을!

워싱턴 DC 일부의 불의는 모두의 불의다

밀워키 모두가 평등한 권리를 누릴 때까지 연대 행진할 것이다

뉴욕 우린 함께 앞으로만 가지, 뒤로는 절대 안 가

미시건 주 랜싱 이슬람교가 궁금해? 나를 억압하는 사람에게
묻지 말고 내게 물어봐!

워싱턴 DC 무슨 수를 써서라도 유색 인종 여성들을 보호하라

뉴욕 우리 독일인들은 전에도 이런 걸 본 적이 있습니다　　　**시카고** 나중에 후회 말고 지금 당장 선거인 등록하세요!

뉴욕 내 총통이 아니다

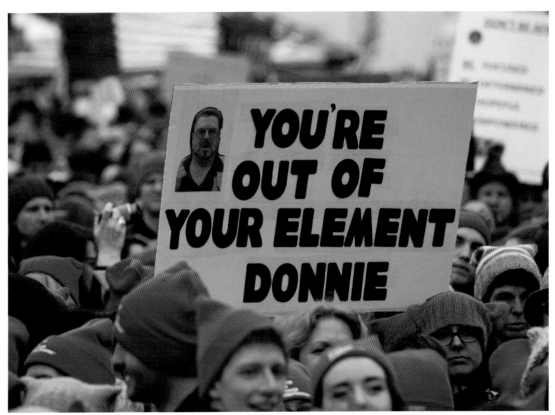

워싱턴 DC 당신이 낄 자리가 아니야, 도니
옆_워싱턴 DC 우리는 할 수 있다, 해냈다, 해낼 것이다

워싱턴 DC 어이 트럼프, "로 대 웨이드" 판결로 낙태의 시대가 열린 게 아니야. 낙태하다 여성이 죽는 시대가 끝난 거지.

덴버 낙태, 금지 아닌 예방을·낙태 논의에 새로운 틀을!

우리는 포기할 수 없습니다.
오늘은 권력에게 진실을 묻기 위한
새로운 운동의 시작입니다.

—바브라 스트라이샌드

런던 헛소리에 반대하는 아기 모임

노스캐롤라이나 주 샬롯

뉴욕 고약한 여자

런던 고약한 여자

뉴욕 자궁은 나의 것

시애틀 여성 성기를 움켜잡는 법: 손가락을 쭉 편다 · 팔을 뻗고
주먹을 쥔다 · 멍청한 내 얼굴에 주먹을 날린다

LA 나는 반격한다

워싱턴 DC 보지 만세

워싱턴 DC 한 곳의 불의는 세상 모든 곳의 정의에 대한 위협입니다

헬싱키 평정심을 유지하고 파시즘을 박살내자

텔아비브-야파 텔아비브에서 워싱턴 DC까지, 대사관을 옮기지 마세요

덴버 실종되거나 살해당한 우리의 원주민 자매들을 기리며 · 여성은 성스럽다

케이프타운 해외 거주 미국인들은 전 세계 자매들과 연대합니다

케치칸 우리에겐 친절함과 존중을 누릴 자격이 있다

파리 해외 거주 민주당원 모임 프랑스 지부

파리 부자에게 세금을! 가난한 자에 대한 공격을 멈춰라!

워싱턴 DC 네가 감히 잠자는 미녀를 깨웠구나!

옆_덴버

남극 네코항

남극 파라다이스 베이 펭귄들도 평화를 위해 행진합니다

워싱턴 DC 안 될 말씀!

파리 푸틴이 트럼프의 불알을 쥐고 있다

뉴욕 찔끔 찔끔 꼬마 짜르, 푸틴이 너를 그 자리에 올려줬지

이라크 아르빌 우리 민중은 인권을 지지한다
옆_뉴욕

뉴욕 여자애들에게도 똑같은 대우를!

뉴욕 인권은 여권이다 - 1995년 9월, 힐러리 로댐 클린턴

런던 여권은 인권이다

파리 트럼프를 당장 쫓아내자 · 모든 여성은 자매다

텍사스 주 오스틴 우리 목소리를 들어라 · 국경에 벽은 안 돼!

가나 아크라 우리 목소리를 들어라

스톡홀름 절대로 입을 닫지 마

뉴욕 우리에게는 목소리를 낼 권리가 있다

나이로비 우리 목소리를 들어라, 우리 아우성을 들어라

오리건 주 포틀랜드 조용히 사라지지 않을 것이다

워싱턴 DC 우리 말을 들어라!

산타바바라 내가 목소리를 높이는 이유는 소리를 지르기 위해서가 아니라 목소리 없는 이들의 이야기를 전하기 위해서입니다

뉴욕 우리 목소리를 들어라

나이로비 평등

페어뱅크스　여성의 권리는 마음대로 움켜쥘 수 없을걸 · 저는 암 생존자입니다 트럼프가 제 보험을 빼앗아갔어요 · 교육은 중요하다

시애틀 남자애들이 다 그렇지(×), 남자애들도 자신의 행동에
책임을 져야 합니다(○)

뉴욕

런던 평등은 모두에게 이익입니다♡

샌프란시스코 우리는 과거로 돌아가지 않을 것이다!!

암스테르담 여전히 이따위 것에 항의해야 한다니 믿을 수가 없군!

런던 여전히 이따위 것에 항의해야 한다니 믿을 수가 없군!

런던 여전히 이따위 것에 항의해야 한다니 믿을 수가 없군!

워싱턴 DC 여전히 이따위 것에 항의해야 한다니 믿을 수가 없군!

파리 여성의 자리는 집에 있죠, 그 집은 바로 백악관
옆_워싱턴 DC 여성의 자리는 혁명에 있다!

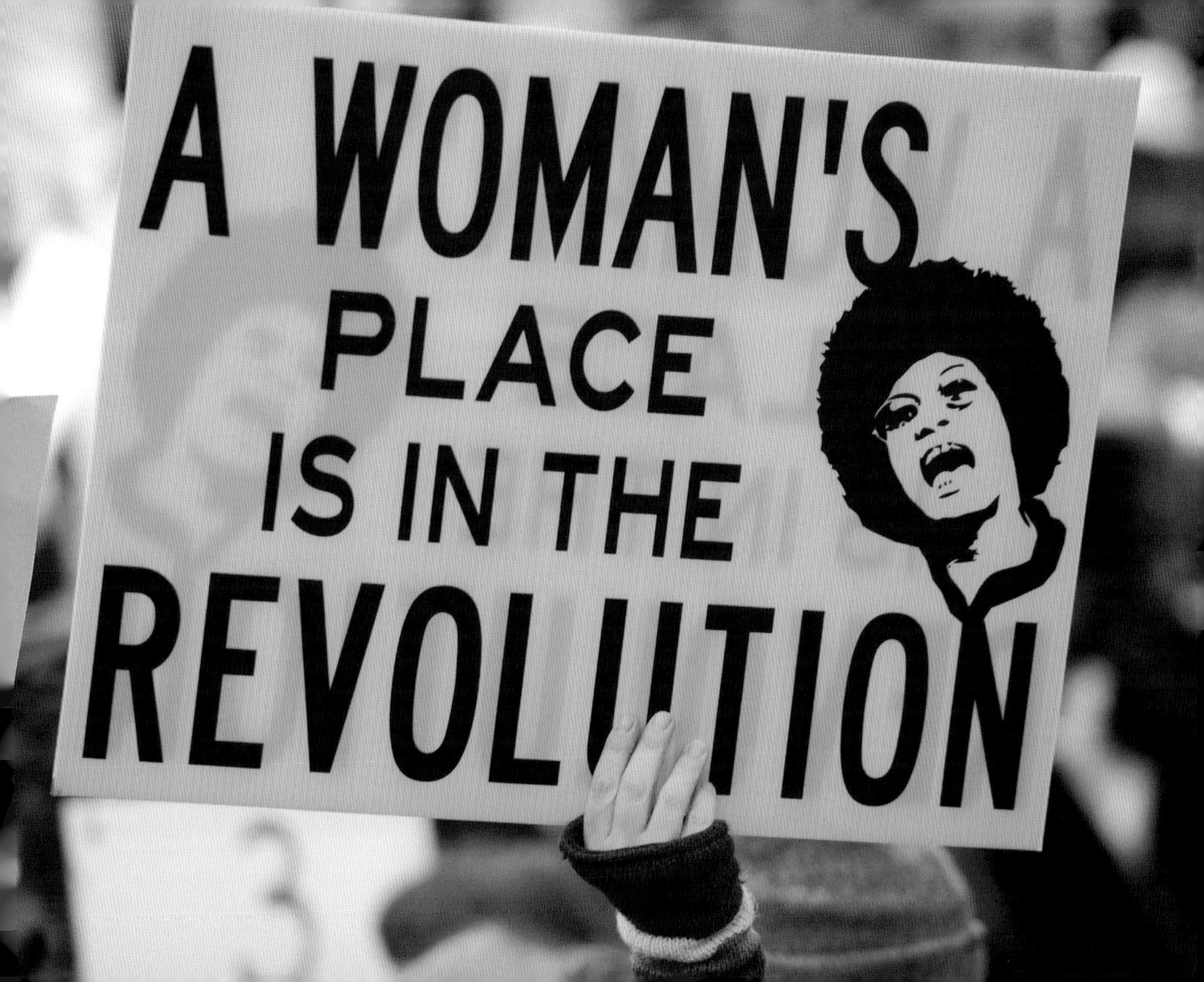
A WOMAN'S
PLACE
IS IN THE
REVOLUTION

워싱턴 DC 공교육의 산물이라 자랑스러워요♡

LA 학교에 총기가 있을 자리는 없다

토론토 더 좋은 세상은 가능하다

뉴욕 우리에게는 여전히 꿈이 있습니다

우리는 공격 당한다고 해서
물러나지 않을 것입니다.
일어나 맞서 싸울 것입니다.

— 상원의원 카말라 해리스

오하이오 주 클리브랜드 눈송이(정치적 올바름Political Correctness을 강조하는 진보주의자들을 비하하는 단어 - 옮긴이)가
백만 개 모이면 뭐다? 눈사태!!

옆_필라델피아

토론토 미국을 다시 선하게 만들자

워싱턴 DC 미국을 다시 관용의 나라로!

산티아고 미국을 다시 친절하게 ☺

시애틀 미국을 다시 제정신인 나라로

워싱턴 DC　저항자매들

워싱턴 DC　이것이 저항의 얼굴이다

워싱턴 DC　저항의 첫날에 오신 것을 환영합니다
옆_LA　우리는 저항이다

워싱턴 DC　여성제국의 역습

뉴욕 게이, 이민자, 여성이 미국을 위대하게 만든다(고맙긴요~)

워싱턴 DC 여왕, 왕에 맞서다

유타 주 파크시티　나는 동성애자(×) 이성애자(×) 양성애자(×) 사람(○)입니다 · 사랑은 사랑입니다 · 친절한 사람이 되세요!

오하이오 주 클리브랜드 사랑이 증오를 이긴다

보스턴 사랑이 증오를 이긴다

시애틀 사랑이 증오를 이긴다

샌프란시스코 사랑이 증오를 이긴다

올랜도 여권=인권

런던 여성들은 그저 재미, 그리고 기본적인 권리를 원할 뿐!

워싱턴 DC 나는 평등을 위해 행진합니다

토론토

나 자신을 특별하게 만드는 것들을
있는 그대로 받아들이세요.
그것이 다른 이들을 불편하게
만들지라도.

―자넬 모네

워싱턴 DC 모든 청년에게는 성적 지향이나 정체성에 관계없이
자신의 잠재력을 최대한 발휘할 수 있는 안전하고
든든한 환경을 누릴 권리가 있다 - 하비 밀크

유타 주 파크시티 트랜스젠더의 목숨도 소중하다

파리

워싱턴 DC 주목, 우리 공립학교에서 너의 작은 손을 떼라! · 깨어나라, 이제 전 세계가 주시하고 있다

워싱턴 DC 여권은 인권이다
옆_보스턴

뉴욕 트럼프대 학위 아직 못 받았음

뉴욕 이 프로그램 방영 좀 취소해주세요

워싱턴 DC 이 행진은 조작된 것입니다, 슬프군요

워싱턴 DC 성폭력은 라커룸 농담이 아닙니다

워싱턴 DC 부적격   런던

워싱턴 DC 내 권리에서 손 떼라

옆_뉴욕 역사는 반복된다

시애틀 서로를 사랑하세요

뉴욕 우리의 권리, 우리의 미래, 우리의 몸, 우리의 마음을 사랑합니다

덴버 당신도 사랑이 어울리는 사람이에요

워싱턴 DC 평화와 사랑

파리

런던 서로에게 용기와 희망이 되는 여성들

뉴욕 여성은 사랑, 권력, 힘, 모든 인간의 수호자 · 우리는 아름답고,
우리는 하나다 · 우리의 아우성을 들어라

텍사스 주 오스틴 대통령님, 여성이 자유를 얻으려면 얼마나 더
기다려야 하나요?

인종주의, 사기, 이해관계의 충돌,
호모포비아, 성폭력, 트랜스포비아,
백인우월주의, 여성혐오, 무지,
백인들의 특권...
저보다 고약한 것들이
이렇게 많습니다.

— 애슐리 주드(니나 도노반 인용)

텍사스 주 오스틴 한 사람에 대한 공격은 모두에 대한 공격 #깡패는꺼져 · 나의 존재를 존중하라!

뉴욕 세상에 불법인 인간은 없다

런던 공포에 맞서 뭉치자

샌프란시스코 아메리카 원주민이 아니고서야 우리는 모두 불법
이민자입니다

워싱턴 DC 사랑은 사랑이다 · 여권이 인권이다 · 기후 변화는
현실이다 · 흑인의 목숨도 소중하다 · 이민자들이 미국을
위대하게 만든다

워싱턴 DC 우리는 모두 이민자입니다 · 이민자들이 해낸다

185

뉴욕 애국여성
옆_워싱턴 DC 미국자유인권협회ACLU 반대가 애국이다

런던 저항하라!

워싱턴 DC 저항하라

워싱턴 DC 우리의 존재를 존중하지 않으면 저항을 면치 못하리!

시애틀 공포에 맞서고 사랑을 지지합시다

뉴욕 저항하라

뉴욕 저항하라 · 싫어

워싱턴 DC 후퇴는 없다

LA 저항은 희망에서 싹튼다

시카고 우리 아들들이 트럼프를 지켜보고 있다

시애틀 내 아들은 모든 여성을 존중할 것입니다

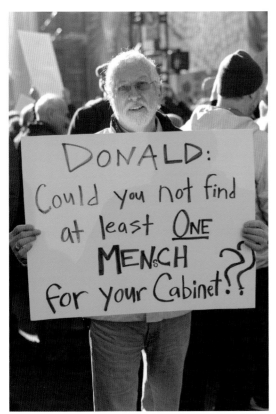

뉴욕 도널드, 주변 한 자리에라도 좀 좋은 사람을 앉힐 수 없겠나?

워싱턴 DC 할아버지도 이건 못 참아

191

뉴욕 헌법을 읽어보긴 했냐?

옆_워싱턴 DC 오바마-라마-머저리

워싱턴 DC
옆_보스턴 성기 독재자

워싱턴 DC 주의! 여성들이 열 받는 중입니다

더블린 여권을 짓밟지 마라

뉴욕 우리는 강하다
옆_프라하 진실은 트럼프를 이긴다

토론토 90년차 고약한 여자

워싱턴 DC 고약함에 시동도 안 걸었거든?

런던 걸파워

오리건 주 포틀랜드 억압 아닌 자유를

제네바 스위스 여성 우리의 야옹을 들어라

우리 이제 이렇게 합시다.
좌절 대신 참여하고,
불평 대신 조직하세요.

—메리엄 알리

시애틀 당신의 자리는 바로 여기입니다

워싱턴 DC 우리+여성

워싱턴 DC 우리가 미국의 운명이다

앞_시애틀

바르셀로나 나는 곧 당신입니다

워싱턴 DC 싸우자!

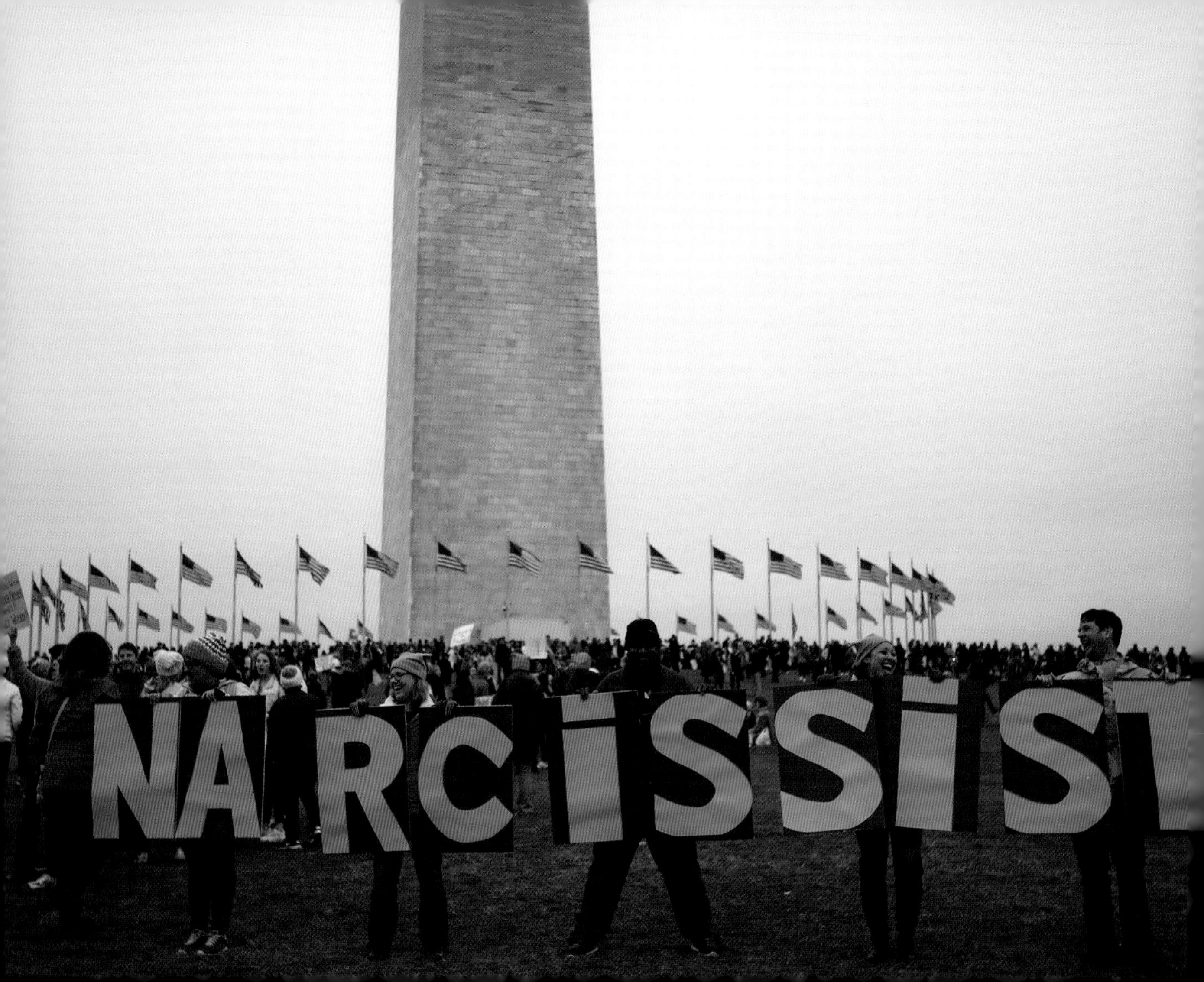
NARCISSIST

워싱턴 DC 냉혈한, 파시스트, 인종주의자, 최고 자뻑
옆_워싱턴 DC 나르시시스트

뉴욕 원치 않는 대통령 물러나라

LA 나의 분노, 손팻말 하나에 다 담을 수 없음

시애틀 순순히 받아들이지 않을 것이다

LA 엿 같은 상황이 지긋지긋해서 나왔습니다

211

시카고 우리 엄마는 나의 미래를 위해 행진합니다

워싱턴 DC 엄마 모임

파리 어머니를 존경하려거든 그 딸들을 존중하라

워싱턴 DC 너네 엄마가 없었으면 너도 지금 여기 없어

워싱턴 DC 여성은 무진장 강하다

워싱턴 DC 저들이 저열하게 나와도 우리는 품위 있게!

가나 아크라 공정하라

워싱턴 DC 사랑이 언제나 승리한다

뉴욕 웃으세요 · 성평등은 여성들의 투쟁이 아니라 인권입니다 ·
여자애답게 싸우자

텍사스 주 오스틴 여성들은 그저 재미, 그리고 기본적인 권리를
원할 뿐!

LA 미래의 판사

215

워싱턴 DC #내대통령이아니다

샌프란시스코 내 대통령이 아니다

투손 내 대통령이 아니다

뉴욕 내 대통령이 아니다

워싱턴 DC 내 대통령이 아니다

보스턴 이케아에만 가도 더 좋은 캐비닛(내각이라는 뜻 ─옮긴이)이 수두룩하겠다!

옆_뉴욕 미국이 다시 팩트체크 하게 하라

편견과 여성혐오의 사상을
정당화해서는 안 됩니다. 이런 것들이
정상으로 여겨지지 않도록 해야
합니다. 우리가 싸우는 이유는 바로
이것입니다.

— 아예바토녜 아브라카사, 여성행진 조직위원

LA 이것이 페미니스트의 얼굴이다

시애틀 우리는 빗어 넘겨버릴 것이다

파리 우리는 빗어 넘겨버릴 것이다

올랜도 주 포틀랜드 우리는 빗어 넘겨버릴 것이다
옆_LA 여성혐오는 빗질로 넘겨버릴 수 없다

샌프란시스코 우리는 빗어 넘겨버릴 것이다

223

워싱턴 DC 우리 이것보단 잘할 수 있잖아요

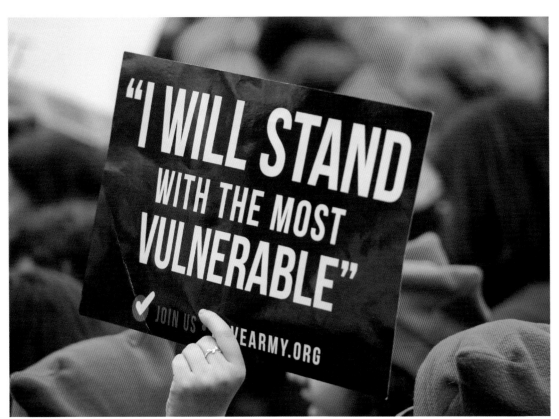

워싱턴 DC 가장 약한 자와 함께하겠습니다

보스턴

워싱턴 DC

워싱턴 DC

보스턴

워싱턴 DC

뉴욕 내 아이들을 위해 행진합니다

뉴욕 네 어머니를 사랑하라

옆_파리 어머니를 존경하려거든 그 딸들을 존중하라

애틀랜타

옆_오슬로 우리 목소리를 들어라

워싱턴 DC 신은 여성이고 지금 화가 나셨대!

시애틀 너무 화가 나서 피켓을 만들었습니다

233

부에노스아이레스 여성혐오자, 성차별주의자, 제노포비아가 대통령?　　**보고타** 인종주의, 여성혐오, 불관용, 트럼프에 반대한다!

산티아고 여권이 인권이다

옆_코소보 프리슈티나 우리 민중은 존엄을 지지한다

바르샤바 여성 민주주의 · 인종차별주의자, 성차별주의자,
반동맹주의자 · 트럼프는 물러나라

리스본 트럼프 반대, 테메르 반대

바르셀로나 변화

세르비아 베오그라드 파시즘에 맞서는 여성행진

멕시코시티 젠장, 트럼프를 만들어낸 시스템 같으니라고
옆_브라질리아 연대 #여성행진 #브라질리아는할수있다

워싱턴 DC 우리는 지구가 하나쯤 더 있는 듯이 살고 있습니다

워싱턴 DC 나 원래 이런 거 들고 나오는 사람 아닌데 진짜 좀
너무하네...

워싱턴 DC 혐오 총사령관이여, 당신이 해결해야 할 문제가 99개,
그중 하나는 바로 나

워싱턴 DC 오렌지색 말고 녹색을!

케이프타운 워싱턴의 전쟁에 반대하는 여성 모임

토론토 문제를 지운다고 없어지는 게 아니야!

런던 깡패들에 맞서자

워싱턴 DC 인종주의자들을 다시 두려움에 떨게 하라

워싱턴 DC 혐오는 정책의 탈을 써도 여전히 혐오다

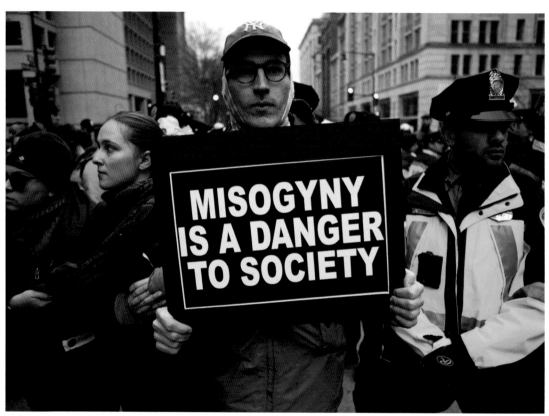

워싱턴 DC 여성혐오는 우리 사회의 위험요소

오늘 이 자리는 당신과 내가
우리의 민주주의를 위해
일어나는 자리, '내가 소중하다'고
외치는 자리입니다.

— 케리 워싱턴

뉴욕 착하게 살자
옆_뉴욕 걸파워

워싱턴 DC 나한테 이래라저래라 할 수 있는 사람은 우리 엄마뿐!
우리는 할 수 있다 · #일어나라

애틀랜타 모두에게 동일 임금을!

크로아티아 자그레브 흑인의 목숨도 소중하다, 여권이 인권이다, 불법인 인간은 없다, 사랑은 사랑이다, 과학은 진짜다, 친절함이 전부다

런던 벽 말고 사랑!

뉴욕 트럼프, 당신 마음속에 있는 벽을 치우세요

워싱턴 DC 고약한 여성, 미국에 꼭 필요한 존재
옆_워싱턴 DC

샌프란시스코 가족계획연맹을 지지합니다

워싱턴 DC 여성의 신체 부위 중에 심장이란 것도 있거든!

워싱턴 DC 미래가 지켜보고 있다

중국 마카오 트럼프를 반대하는 아기 모임

MARCHES IN THE UNITED STATES

Alabama
Birmingham
Mentone

Alaska
Anchorage
Bethel
Cordova
Fairbanks
Gustavus
Haines
Homer
Juneau
Ketchikan
Kodiak
Kotzebue
Nome
Palmer
Seldovia
Sitka
Skagway
Soldotna
Valdez

Arizona
Ajo
Flagstaff
Gold Canyon
Green Valley
Jerome

Phoenix
Prescott
Sedona
Tucson
Yuma

Arkansas
Bentonville
Fayetteville
Little Rock

California
Albany
Beverly Hills
Bishop
Borrego Springs
Carmel
Chico
Compton
Eureka
Fort Bragg
Fresno
Gualala
Hemet
June Lake
Kings Beach
Laguna Beach
Lompoc
Los Angeles
Modesto

Mount Shasta
Napa
Oakhurst
Oakland
Pacifica
Palmdale
Pasadena
Redding
Redondo Beach
Ridgecrest
Riverside
Sacramento
San Clemente
San Diego
San Francisco
San Jose
San Leandro
San Luis Obispo
San Marcos
Santa Ana
Santa Barbara
Santa Cruz
Santa Rosa
Seaside
Sonoma
Ukiah
Ventura
Visalia
Walnut Creek

Colorado
Alamosa
Aspen
Carbondale
Cedaredge
Colorado Springs
Cortez
Denver
Glenwood Springs
Grand Junction
Ridgway
Salida
Steamboat Springs
Telluride

Connecticut
East Haddam
Hartford
Old Saybrook
Salisbury
Stamford

Delaware
Newark

**District of
Columbia**
Washington

Florida
Daytona Beach
Fernandina Beach
Gainesville
Jacksonville
Key West
Miami
Miami Beach
Naples
New Smyrna Beach
Ocala
Orlando
Panama City
Pensacola
Saint Augustine
Saint Petersburg
Sarasota
Tallahassee
West Palm Beach

Georgia
Atlanta
Augusta
Statesboro
Zebulon

Guam
Hagåtña

Hawaii
Hilo
Honolulu
Kahului
Kauai
Kawaihae
Kona
Lihue

Idaho
Boise
Driggs
Idaho Falls
Ketchum
Moscow
Pocatello
Sandpoint
Stanley

Illinois
Carbondale
Champaign
Chicago
Galesburg
Maryville
Peoria
Rockford
Springfield

Indiana
Fort Wayne
Greenwood
Indianapolis
Lafayette
Paoli
Saint Mary-of-the-
Woods
South Bend

Iowa
Decorah
Des Moines
Dubuque
Harpers Ferry
Iowa City

Kansas
Topeka
Wichita

Kentucky
Lexington
Louisville
Murray

Louisiana
Lafayette
New Orleans
Shreveport

Maine
Augusta
Brunswick
Eastport
Kennebunk
Portland
Sanford
Surry
Vinalhaven

Maryland
Annapolis
Baltimore
Frederick
Ocean City

Massachusetts
Boston
Falmouth
Greenfield
Nantucket
Northampton
Pittsfield
Provincetown

Michigan
Adrian
Ann Arbor
Brighton
Clare

Detroit
Douglas
Grand Rapids
Grosse Pointe
Houghton
Kalamazoo
Lansing
Marquette
Merrill
Midland
Traverse City

Minnesota
Bemidji
Duluth
Longville
Morris
Rochester
Saint Paul

Mississippi
Gulfport
Hattiesburg
Jackson
Oxford

Missouri
Columbia
Kansas City
Saint Louis

Springfield

Montana
Helena
Miles City

Nebraska
Lincoln
Loup City
Omaha

Nevada
Las Vegas
Reno
Stateline

New Hampshire
Concord
Francestown
Jackson
Keene
Lancaster
Portsmouth
Wilton

New Jersey
Asbury Park
Pompton Plains
Sicklerville
Trenton

Westfield
Wyckoff

New Mexico
Albuquerque
Deming
Fort Sumner
Las Cruces
Santa Fe

New York
Albany
Binghamton
Buffalo
Cobleskill
Cooperstown
Delhi
Fredonia
Glens Falls
Hudson
Ithaca
Lewis
New York
Oneonta
Port Jefferson
Station
Port Jervis
Poughkeepsie
Rochester
Sag Harbor

Seneca Falls
Syracuse
Utica
Watertown
Woodstock

North Carolina
Asheville
Black Mountain
Burnsville
Charlotte
Greensboro
Hillsborough
Mooresville
Morganton
New Bern
Raleigh
West Jefferson
Wilmington
Winston-Salem

North Dakota
Bismarck
Fargo
Grand Forks

Ohio
Chillicothe
Cincinnati
Cleveland

Dayton
Lakeside
Toledo
Troy
Wooster

Oklahoma
Oklahoma City

Oregon
Ashland
Astoria
Bend
Brookings
Coos Bay
Elkton
Eugene
Florence
Halfway
Joseph
La Grande
McMinnville
Newport
Pendleton
Portland
Salem
Sandy
Tillamook
Welches

Pennsylvania
Beaver
Doylestown

Erie
Harrisburg
Indiana
Lancaster
Lewisburg
Philadelphia
Pittsburgh
Reading
Selinsgrove
Sharon

Puerto Rico
Mayagüez
San Juan
Santurce
Vieques

Rhode Island
Providence

South Carolina
Charleston
Clemson
Columbia
Greenville

South Dakota
Pierre
Rapid City
Sioux Falls
Vermillion

Tennessee

Chattanooga
Jonesborough
Knoxville
Memphis
Murfreesboro
Nashville
Oak Ridge

Texas
Abilene
Alpine
Amarillo
Austin
Beaumont
Brownsville
Corpus Christi
Dallas
Denton
Eagle Pass
El Paso
Fort Worth
Houston
Lubbock
Marfa
Nacogdoches
San Antonio
Wichita Falls

U.S. Virgin Islands
Cruz Bay
Saint Croix
Saint John
Saint Thomas

Utah
Bluff
Kanab
Moab
Ogden
Park City
Saint George
Salt Lake City

Vermont
Killington
Montpelier

Virginia
Arlington
Charlottesville
Norfolk
Roanoke
Williamsburg
Winchester
Woodstock

Washington
Anacortes
Bainbridge Island
Bellingham
Chelan
Eastsound
Ephrata
Friday Harbor
Kingston
Langley
Longview

Mount Vernon
Olympia
Port Townsend
Richland
Seattle
Spokane
Twisp
Union
Walla Walla
Wenatchee
Yakima

West Virginia
Charleston

Wisconsin
Bayfield
Eau Claire
Madison
Menomonie
Milwaukee
Minocqua
Plymouth
Sheboygan

Wyoming
Casper
Cheyenne
Cody
Jackson
Lander
Laramie
Pinedale

INTERNATIONAL MARCHES

Antarctica
Paradise Bay

Argentina
Buenos Aires

Aruba
Noord

Australia
Canberra
Melbourne
Sydney

Austria
Vienna

Bahamas
Freeport

Belarus
Minsk

Belgium
Brussels

Bermuda
Hamilton

Bolivia
La Paz

Botswana
Gaborone

Brazil
Brasília
Ipanema

Bulgaria
Sofia

Canada
Balfour
Bowen Island
Calgary
Charlottetown
Edmonton
Fredericton
Gabriola
Grand Forks
Halifax
Hamilton
Kamloops
Kelowna
Kingston
Kootenay Bay
Lethbridge
London

Montreal
Nanaimo
North West River
Orangedale
Ottawa
Roberts Creek
Saint Catharines
Saint John
Saint John's
Salmon Arm
Salt Spring Island
Saskatoon
Sutton
Toronto
Vancouver
Victoria
Winnipeg
Yellowknife

**Caribbean
Netherlands**
Kralendijk

**Cayman
Islands**
George Town

Chile
Santiago

China
Macau

Colombia
Bogotá
Manizales
Medellín

Congo
Kinshasa

Croatia
Zagreb

Costa Rica
Cahuita
Monteverde
Potrero
San José
Uvita

Czech Republic
Prague

Denmark
Copenhagen

Ecuador
Cuenca

Greece
Athens

Finland
Helsinki

France
Auvillar
Bordeaux
Marseille
Montpellier
Paris
Poitiers
Strasbourg
Toulouse

Georgia
Tbilisi

Germany
Berlin
Bonn
Düsseldorf
Frankfurt
Hamburg
Heidelberg
Munich

Ghana
Accra

Guatemala
Antigua

Hungary
Budapest

Iceland
Reykjavík

India
New Delhi

Indonesia
Bali
Gianyar
Kabupaten
Ubud

Iraq
Erbīl

Ireland
Castlebar
Dublin
Galway

Israel
Tel Aviv-Yafo

Italy
Florence
Milan
Rome

Japan
Osaka
Tokyo

Kenya
Nairobi
Turkana County

Kosovo
Pristina

Latvia
Riga

Lebanon
Beirut

Liberia
Monrovia

Lithuania
Vilnius

Macao
Taipa

Madagascar
Antananarivo

Malawi
Blantyre
Lilongwe

Mauritius
Beau Bassin–Rose
Hill

Mexico
Ajijic
Álamos
Campeche
Chetumal
El Sargento
La Manzanilla
Loreto
Mazatlán
Mexico City
Mérida
Nayarit
Oaxaca de Juárez
Playa del Carmen
San Miguel de
Allende
San Pancho
Todos Santos
Tuxtla Gutiérrez
Zihuatanejo

Myanmar
Yangon

Netherlands

Amsterdam
The Hague
Roermond

New Zealand
Auckland
Christchurch
Dunedin
Wellington

Nicaragua
Managua

Nigeria
Jos

Norway
Bergen
Oslo
Trondheim

Peru
Chiclayo
Miraflores

Poland
Gdańsk
Kraków
Warsaw

Portugal
Angra do
Heroísmo

Braga
Coimbra
Faro
Lisbon
Porto

Romania
Bucharest

Russia
Moscow

Rwanda
Kigali

**Saint Kitts and
Nevis**
Charlestown

Saudi Arabia
Riyadh

Serbia
Belgrade

Singapore
Singapore

Slovakia
Piešťany

Slovenia
Ljubljana

South Africa
Cape Town
Cyrildene
Durban

South Korea
Seoul
Incheon

Spain
Barcelona
Granada
Madrid

Sweden
Åre
Stockholm

Switzerland
Geneva

Tanzania
Dar es Salaam
Saadani

Thailand
Bangkok
Chiang Mai

United Kingdom
Bangor
Barnstaple
Belfast

Bristol
Cardiff
Edinburgh
Lancaster
Leeds
Liverpool
London
Manchester
Saint Austell
Shipley
Southampton
York

Uruguay
Montevideo

Vietnam
Hanoi

Zambia
Lusaka

Zimbabwe
Harare

PHOTOGRAPHY CREDITS

Getty Images: Pages 4 (JOSHUA LOTT/AFP/Getty Images), 6 (Jim Rankin/Toronto Star via Getty Images), 7 (top right: David Ramos/Getty Images; bottom right: Recep Sakar/Anadolu Agency/Getty Images), 9 (Amanda Edwards/FilmMagic/Getty Images), 12 (right: Steve Exum/FilmMagic/Getty Images), 13 (left: Wayne Taylor/Getty Images; right: Jessica Kourkounis/Getty Images), 14 (Derek Davis/Portland Press Herald via Getty Images), 19 (bottom left: Arindam Shivaani/NurPhoto via Getty Images), 23 (right: Cynthia Edorh/Getty Images), 30 (right: Amanda Edwards/FilmMagic/Getty Images), 31 (left: Amanda Edwards/FilmMagic/Getty Images), 32 (Amanda Edwards/FilmMagic/Getty), 33 (left: Steve Exum/FilmMagic/Getty), 34 (Don Arnold/Getty Images), 36 (top left: Wayne Taylor/Getty Images), 37 (bottom left: Jack Taylor/Getty Images), 43 (Bernard Menigault/Corbis via Getty Images), 44 (top right: Sarah L. Voisin/The Washington Post via Getty Images; bottom right: Owen Franken/Corbis via Getty Images), 52 (top left: Charlotte Ball/PA Images via Getty Images), 54 (John J. Kim/Chicago Tribune/TNS via Getty Images), 56 (bottom left: Barbara Alper/Getty Images), 57 (left: Michael Loccisano/Getty Images), 58 (ARMEND NIMANI/AFP/Getty Images), 64 (left: Michael S. Williamson/The Washington Post via Getty Images; right: Don Arnold/Getty Images), 66 (Scott Eisen/Bloomberg via Getty Images), 68 (top left: ANDREW CABALLERO-REYNOLDS/AFP/Getty Images), 72 (John Gress/Getty Images), 74 (left: Emma McIntyre/Getty Images), 75 (John Tlumacki/The Boston Globe via Getty Images), 77 (bottom right: Bernard Menigault/Corbis via Getty Images; bottom left: Amanda Edwards/FilmMagic/Getty Images), 78 (left: JASON CONNOLLY/AFP/Getty Images), 79 (left: Erik McGregor/Pacific Press/LightRocket via Getty Images), 80 (Karen Ducey/Getty Images), 82 (top left: Sergi Alexander/Getty Images; top right: Dean Mouhtaropoulos/Getty Images; bottom left: David Ramos/Getty Image; bottom right: David Mbiyu/Corbis via Getty Images), 84 (Christophe Morin/IP3/Getty Images), 90 (top right: Paul Morigi/WireImage/Getty Images), 91 (top right: Teresa Kroeger/FilmMagic/Getty Images), 95 (right: PEDRO PARDO/AFP/Getty Images), 97 (top left: Noam Galai/WireImage/Getty Images), 98 (ATTILA KISBENEDEK/AFP/Getty Images), 107 (Steffi Loos/Getty Images), 108 (left: Maddie Meyer/Getty Images), 110 (left: Kevin Mazur/WireImageGetty Images), 118 (Kevin Mazur/WireImage/Getty), 119 (Jason Connolly/AFP/Getty Images), 122 (Don Emmert/AFP/Getty Images), 125 (left: Chelsea Guglielmino/Getty Images; right: Amanda Edwards/FilmMagic/Getty Images), 126 (top right: Jussi Nukari/AFP/Getty Images; bottom right: Joe Amon/The Denver Post via Getty Images; bottom left: Jack Guez/AFP/Getty Images), 127 (top left: Esa Alexander/Sunday Times/Gallo Images/Getty Images; bottom right: Bernard Menigault/Corbis via Getty Images), 128 (Joe Amon/The Denver Post via Getty Images), 129 (Teresa Kroeger/FilmMagic/Getty Images), 133 (Mustafa Keles/Anadolu Agency/Getty Images), 140 (top left: CRISTINA ALDEHUELA/AFP/Getty Image; bottom right: Bryan Jaybee/Anadolu Agency/Getty Images), 141 (top left: Alex Milan Tracy/Anadolu Agency/Getty Images), 148 (Christophe Morin/IP3/Getty Images), 152 (right: Cynthia Edorh/Getty Images), 157 (left: CLAUDIO REYES/AFP/Getty Images), 159 (top left: ROBYN BECK/AFP/Getty Images; bottom right: Amanda Edwards/FilmMagic/Getty Images), 160 (right: Amanda Edwards/FilmMagic/Getty Images), 162 (right: Scott Eisen/Bloomberg via Getty Images), 167 (right: George Pimentel/Getty Images), 168 (Christophe Morin/IP3/Getty Images), 170 (Maddie Meyer/Getty Images), 173 (right: Amanda Edwards/FilmMagic/Getty Images), 174 (Amanda Edwards/FilmMagic/Getty Images), 176 (Noam Galai/WireImage/Getty Images), 177 (Erik McGregor/Pacific Press/LightRocket via Getty Images), 178 (bottom left: Joe Amon/The Denver Post via Getty Images), 179 (Bernard Menigault/Corbis via Getty Images), 184 (bottom left: Tayfun Coskun/

Anadolu Agency/Getty Images; bottom right: Steve Exum/FilmMagic/Getty Images), 188 (bottom left: Noam Galai/WireImage/Getty Images), 194 (Ryan McBride/AFP/Getty Images), 206 (top right: Bastiaan Slabbers/NurPhoto via Getty Images; bottom right: David Ramos/Getty Images), 208 (Drew Angerer/Getty Images), 214 (top right: Jordi Perdigo/Anadolu Agency/Getty Images), 217 (Michael S. Williamson/The Washington Post via Getty Images), 218 (Matthew J. Lee/The Boston Globe via Getty Images), 222 (Emma McIntyre/Getty Images), 223 (bottom right: Josh Edelson/AFP/Getty Images), 224 (Amanda Edwards/FilmMagic/Getty Images), 226 (top right: Patrick T. Fallon/Bloomberg via Getty Images; bottom left: Andrew Caballero-Reynolds/AFP/Getty Images), 228 (right: Ebet Roberts/Archive Photos/Getty Images), 229 (Bernard Menigault/Corbis via Getty Image), 232 (Amanda Edwards/FilmMagic/Getty Images), 234 (ARMEND NIMANI/AFP/Getty Images), 235 (top left: EMILIANO LASALVIA/AFP/Getty Image; bottom left: CLAUDIO REYES/AFP/Getty Images), 236 (top right: David Ramos/Getty Images; bottom left: ANDREJ ISAKOVIC/AFP/Getty Images), 239 (right: Amanda Edwards/FilmMagic/Getty Images), 240 (top left: Esa Alexander/ Sunday Times/Gallo Images/Getty Images), 241 (Steve Exum/FilmMagic/Getty Images), 248 (Michael Tubi/Corbis via Getty Images), 251 (left: Amanda Edwards/FilmMagic/Getty Images), 253 (Anthony Kwan/Getty Images).

Newscom: Pages 7 (bottom left: Phillip Johnson/Newscom), 10 (Jeff Malet/Newscom), 12 (left: Jeff Grossman/WENN/Newscom), 15 (Jeff Malet Photography/Newscom), 17 (Renee Jones Schneider/Newscom), 18 (bottom right: Ronen Tivony/Sipa USA/Newscom), 19 (top left: Cole Howard/newzulu/Newscom), 23 (left: Jeff Malet Photography/Newscom), 24 (PacificCoastNews/Newscom), 26 (Steve Eberhardt / ZUMA Press/Splash News/Newscom), 33 (right: Erik McGregor/Pacific Press/Newscom), 35 (PETE MAROVICH/UPI/Newscom), 50 (Phillip Johnson/ZUMA Press/Newscom), 51 (Phillip Johnson/ZUMA Press/Newscom), 53 (Karen Ballard/ZUMA Press/Newscom), 59 (Michael Rieger/ZUMA Press/Newscom), 60 (Rocky Arroyo/ZUMA Press/Splash News/Newscom), 67 (right: Ardavan Roozbeh/ZUMA Press/Newscom), 68 (bottom left: Rocky Arroyo/ZUMA Press/Newscom), 69 (left: JMF/WENN/Newscom), 76 (top left: Karen I. Hirsch/ZUMA Press/Splash News/Newscom; bottom left: Erik Mcgregor/ZUMA Press/Newscom), 77 (top left: Lora Olive/ZUMA Press/Splash News/Newscom), 93 (Phillip Johnson/ZUMA Press/Newscom), 102 (bottom left: Ben Cawthra/ZUMA Press/Newscom; bottom right: Keith Birmingham/ZUMA Press/Newscom), 103 (KEVIN DIETSCH/UPI/Newscom), 106 (Curtis Means/ACE Pictures/Newscom), 114 (right: Karen I. Hirsch / ZUMA Press / Splash News/Newscom), 115 (Nancy Kaszerman / ZUMA Press / Splash News/Newscom), 116 (Karen Ballard/ZUMA Press/Newscom), 124 (right: Phillip Johnson/ZUMA Press/Newscom), 132 (left: Richard Ellis/ZUMA Press/Newscom; right: Renaud Khanh/Sipa USA/Newscom), 139 (Sandra Dahdah/ZUMA Press/Newscom), 141 (top right: JUSTIN LANE/EPA/Newscom), 144 (left: Phillip Johnson/ZUMA Press/Newscom), 157 (right: Phillip Johnson/ZUMA Press/Newscom), 172 (left: Erik McGregor/Sipa USA/Newscom; right: Curtis Means/ACE Pictures/Newscom), 181 (right: Sandy Carson / ZUMA Press / Splash News/Newscom), 184 (top left: Curtis Means/ACE Pictures/Newscom), 186 (John Roca/PacificCoastNews/Newscom), 188 (bottom right: Phillip Johnson/ZUMA Press/Newscom), 189 (bottom right: Ronen Tivony/NurPhoto/Sipa USA/Newscom), 190 (left: Karen I. Hirsch / ZUMA Press / Splash News/Newscom), 192 (Nancy Kaszerman/ZUMA Press/Splash News/Newscom), 193 (Rocky Arroyo/ZUMA Press/Newscom), 204 (Paul Gordon/ZUMA Press/Newscom), 206 (top left: Phillip Johnson/ZUMA Press/Newscom), 207 (Jeff Malet Photography/Newscom), 212 (top left: Karen I. Hirsch / ZUMA Press / Splash News/Newscom), 215 (left: Sandra Dahdah/ZUMA Press/Newscom; right: Danny Rothenberg/Polaris/Newscom), 223 (top left: Phillip Johnson/ZUMA Press/Newscom), 233 (Phillip Johnson/ZUMA Press/Newscom), 240 (bottom left: Noemi Gago/SIPA/Newscom), 252 (right: Aftonbladet/ZUMA Press/Newscom), 264 (PETE MAROVICH/UPI/Newscom).

AP Images: Pages 7 (top left: Jay Shaw BakerS/ipa USA via AP), 18 (top

Jessica Brandi Lifland/Polaris), 252 (left: Rebecca Nowalski/Polaris).

Redux: Pages 19 (bottom right: Susannah Ireland/eyevine/Redux), 21 (Tiffany Brown Anderson/Redux), 22 (bottom left: Scott Witter/Redux; top right: Annabel Clark/Redux), 36 (bottom right: OLIVER WEIKEN/EPA/Redux), 42 (MAURIZIO BRAMBATTI/EPA/Redux), 44 (bottom left: Radhika Chalasani/Redux), 45 (Annabel Clark/Redux), 46 (left: Radhika Chalasani/Redux), 52 (bottom right: Craig Ruttle/Redux), 67 (left: Henny Garfunkel/Redux), 68 (top right: Sasha Maslov/Redux; bottom right: Jess HURD/REPORT DIGITAL-REA/Redux), 74 (right: Sasha Maslov/Redux), 76 (top right: Alyson Aliano/Redux), 77 (top left: Annabel Clark/Redux), 78 (right: Sasha Maslov/Redux), 81 (Annabel Clark/Redux), 85 (Jess Hurd/REPORT DIGITAL-REA/Redux), 86 (Scott Witter/Redux), 87 (Annabel Clark/Redux), 91 (bottom left: William B. Plowman/Redux), 94 (left: Jess Hurd/REPORT DIGITAL-REA/Redux), 97 (top right: Ruth Fremson/The New York Times/Redux; bottom right: Radhika Chalasani/Redux), 101 (Branden Eastwood/Redux), 102 (top right: ABIR SULTAN/EPA/Redux), 104 (Branden Eastwood/Redux), 105 (Sabine Joosten/Hollandse Hoogte/Redux), 111 (left: Branden Eastwood/Redux), 112 (Henny Garfunkel/Redux), 117 (Radhika Chalasani/Redux), 126 (top left: William B. Plowman/Redux), 127 (bottom left: Xavier Popy/REA/Redux), 137 (right: Elke Bock/laif/Redux), 140 (top right: Juliette ROBERT/HAYTHAM-REA/Redux), 144 (right: Henny Garfunkel/Redux), 145 (Anna Watson/Camera Press/Redux), 147 (top left: Sabine Joosten/Hollandse Hoogte/Redux; top right: Elke Bock/laif/Redux), 158 (Scott Witter/Redux), 159 (top right: Jess HURD/REPORT DIGITAL-REA/Redux), 167 (left: Radhika Chalasani/Redux), 169 (Radhika Chalasani/Redux), 173 (left: Jess Hurd/REPORT DIGITAL-REA/Redux), 178 (top left: Annabel Clark/Redux; top right: Henny Garfunkel/Redux; bottom right: Mark Peterson/Redux), 180 (Susannah Ireland /eyevine/Redux), 188 (top right: Sarah Blesener/Redux), 189 (top left: Henny Garfunkel/Redux; bottom left: Al Drago/The New York Times/Redux), 190 (right: Annabel Clark/Redux), 206 (bottom left: Sasha Maslov/Redux), 211 (left: Annabel Clark/Redux), 212 (bottom left: Xavier POPY/REA/Redux), 214 (bottom left: Branden Eastwood/Redux), 221 (Scott Witter/Redux), 223 (top right: Lionel Preau/Riva Press/Redux), 227 (Laura Kleinhenz/Redux), 235 (top right: Leonardo Muñoz/EPA/Redux), 236 (bottom right: Sashenka Gutierrez/EPA/Redux), 242 (Radhika Chalasani/Redux), 250 (Laura Kleinhenz/Redux).

Alamy: Pages 30 (left: MediaPunch Inc/Alamy Live News), 65 (Patsy Lynch/Alamy), 76 (bottom right: Brian William Waddell/Alamy).

Shutterstock: Pages 61 (vinzow/Shutterstock), 210 (Philip Pilosian/Shutterstock).

Individual photographers: Pages 38 (한겨레), 39 (전국디바협회), 41 (노동당 여성위원회), 44 (top left: Jake Chessum), 52 (bottom left: Lillian Silver), 88 (Cynthia Reed), 89 (Jake Chessum), 90 (top left: Walter Smith; bottom left: Jackson Krule), 91 (top left: Jake Chessum; bottom right: Sara Luckey), 111 (right: Andrew Himmelberg), 113 (right: Rockie Nolan), 114 (left: Robin Takami), 121 (right: Courtesy Jenny Sowry), 124 (left: Sara Luckey), 130 (Courtesy Linda Zunas), 131 (Courtesy Linda Zunas), 137 (left: Sara Luckey), 140 (bottom left: Sara Luckey), 141 (bottom right: Sara Luckey), 156 (left: Melissa Renwick), 181 (left: Sara Luckey), 187 (Judy Pray), 189 (top right: Angela Campbell), 191 (left: Jon Feinstein), 195 (Walter Smith), 198 (Sara Luckey), 201 (left: Elissa Maran Bean), 209 (right: Sara Luckey), 212 (top right: Lucinda Scala Quinn; bottom right: Rockie Nolan), 213 (Nathalie Le Du), 216 (top left: Theresa Scarbrough; bottom right: Sara Luckey), 219 (Sara Luckey), 226 (top left: Maureen Karb Laguarta), 238 (left and right: Lia Ronnen), 239 (left: Lia Ronnen), 245 (right: Sara Luckey; left: Naria Halliwell), 249 (Sara Luckey).

First published in the United States by Workman Publishing Co., Why We March:
Signs of Protest and Hope - Voices from the Women's March

Cover photographs by the following: Front cover, from top: Teresa Kroeger/FilmMagic/Getty Images, Curtis Means/ACE Pictures/Newscom, Erik Mcgregor/Pacific Press/LightRocket via Getty Images, Stephanie Keith/Reuters, JOSHUA LOTT/AFP/Getty Images, Curtis Means/ACE Pictures/Newscom, Stephanie Keith/Reuters. Back cover: Top row, from left: Dan Kitwood/Getty Images, Sam Simmonds/Polaris, Branden Eastwood/Redux, Natan Dvir/Polaris Images. Middle row, from left: Christophe Morin/IP3/Getty Images, Jessica Brandi Lifland/Polaris, Ron Haviv/VII/Redux, Natan Dvir/Polaris Images. Bottom row, from left: Theresa Scarbrough, Jess HURD/REPORT DIGITAL-REA/Redux, Annabel Clark/Redux, Elaine Thompson/AP Photo.

For interior photography credits, see page 259, which functions as an extension of this page.

옮긴이_권채령

전직 통번역사. 지금은 라디오 피디로 일하고 있다. 서울대 외교학과와 한국외대 통번역대학원에서 공부했고, 외신 큐레이션 사이트 〈뉴스페퍼민트〉 필진으로도 활동하고 있다.

우리는 멈추지 않는다 모두를 위한 희망과 저항의 언어들

발행일	초판 1쇄 2017년 5월 30일	전화	031-955-3777
엮은이	아티산 편집부	팩스	031-955-3778
옮긴이	권채령	전자우편	willbook@naver.com
펴낸이	이주애, 홍영완	ISBN	979-11-5581-117-7 (03330) (CIP제어번호: 2017010514)
펴낸곳	윌북		
출판등록	제406-2004-17호		책값은 뒤표지에 있습니다.
주소	10881 경기도 파주시 회동길 209		잘못 만들어진 책은 구입하신 서점에서 바꿔드립니다.

사진을 제공해주신 전국디바협회, 노동당 여성위원회, 한겨레에 감사드립니다.

March on!